MÉTHODE BO!
ou La Journée des T

Cahier d'exercices de lecture

Instituteur
Gérard Sansey

Illustrations
Savine Pied
Hélène Fuggetta

Illustration de la couverture
François Garnier

ÉDITIONS BELIN
8, rue Férou 75278 Paris Cedex 06
www.editions-belin.com

Avant-propos

Ce cahier d'exercices renforce la *Méthode Boscher* à raison **d'une fiche d'activités par page du manuel.**

Il aidera l'enfant en lui faisant découvrir pour chaque page du manuel Boscher **tous les éléments de combinatoire nouveaux** apportés par la lettre ou le son introduits, à raison de **deux jours de travail consécutifs sur chaque page** du manuel. On demandera à l'enfant de prononcer correctement un mot nouveau par un examen combinatoire préalable et de chercher ensuite le sens de ce mot :

Exemple : « progression découverte » sur le mot « pilote » dire :
– « pe » › p et i = pi
– « le » › l' et o = lo
– « te » › t et e = te
› pilote › qu'est-ce qu'un pilote ? enfin donner la réponse.

L'utilisation du cahier d'exercices en lien avec la Méthode permettra un **apprentissage progressif de la lecture** basé sur trois grands principes :

• la priorité absolue donnée à la **combinatoire** (procédé de **combinaison des lettres et des sons** pour obtenir des syllabes puis **combinaison des syllabes** pour obtenir des mots) ;

• le passage au début par une **étape phonique** d'appropriation du mot (prononciation) avant de parvenir à sa **compréhension[1]** ;

• l'obligation de ne jamais placer l'enfant en position de **devoir deviner** ce qui est écrit, mais au contraire **lui proposer des exercices lui permettant de découvrir le message** par prononciation des mots, en utilisant les connaissances qu'il a déjà acquises.

Avertissement

pp. 34 et 39 : signaler la prononciation de « des », « les » → es = è.
p. 47 : « œu » se prononce comme « eu » → voir page 59.
p. 56 : Australie ; pour la prononciation → voir page 62.

---

1. « L'activité de lecture est la capacité de reconnaissance des mots écrits, c'est-à-dire la capacité d'identifier chaque mot en tant que forme orthographique ayant une signification et de lui attribuer une prononciation. [...] Les processus spécifiques de la lecture **ne sont pas des processus de compréhension, mais bien ceux qui mènent à la compréhension**. ». J. Morais, *L'art de lire,* Éditions Odile Jacob.

© Éditions Belin, 2004   ISBN 978-2-7011-**4013**-1

$$i = i \quad u = u$$

1 *Recopie les lettres* i *et* u :

$i \quad i \quad i \quad i \quad i \quad i$

$u \quad u \quad u \quad u \quad u \quad u$

2 *Entoure les lettres* **i** *et* **u** :

m   **r**   (i)   **j**   e   (u)   y   n   (i)   b   **d**   (u)

h   (u)   g   (u)   **o**   p   l   z   (i)   q   (i)   f

3 *Écris la lettre que tu entends :* **i** *ou* **u**.

$i \qquad u \qquad i \qquad u \qquad i \qquad u$

$u \qquad u \qquad i \qquad i \qquad u \qquad u$

·pi ed.

4 *Continue la frise d'après le modèle :*

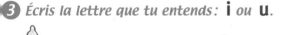

3

$$o = \sigma \quad a = \alpha$$

1 *Recopie les lettres σ et α :*

2 *Entoure les lettres* **o** *et* **a** :

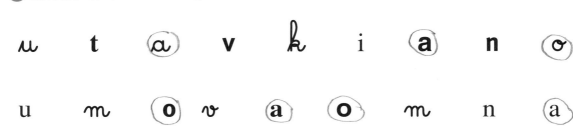

3 *Écris la lettre, ou les lettres, que tu entends :* **o** *ou (et)* **a**.

4 *Continue la frise d'après le modèle :*

e   é   è   ê

1 *Recopie les lettres* e*,* é*,* è *et* ê *:*

e   e   e   e   e   é   é   é   é   é

è   è   è   è   è   ê   ê   ê   ê   ê

2 *Entoure les lettres* e*,* é*,* è *et* ê *:*

(e)   s   i   g   (é)   h   j   (è)   (ê)   u   i   (e)   u

l   m   (è)   b   (ê)   z   e   o   (é)

(ê)   b   u   (è)   c   (ê)   w   (è)   u

3 *Écris la lettre que tu entends :* e*,* é*,* è *et* ê*.*

ê e   è e   è   é è   é   é

arête   trèfle   clé   hélicoptère

è e   é é e   è e   é ê e   é e   e ê e

chèvre   cheminée   zèbre   fenêtre   fusée   canne à pêche

4 *Continue la frise d'après le modèle :*

$$p = \wp$$

❶ *Complète les lignes suivantes :*

❷ *Écris la lettre* **p** *si tu l'entends :*

❸ *Colorie et écris le mot correspondant au dessin :*

❹ *Entoure les sons et les ronds en suivant l'exemple donné :*

Exemple :

❺ *Entoure :* **pe, pé, pè, pê, po, pa, pi, pu.**

di   **ge**   pa   qu   ji   pi   **se**   pu   ne   pé

ba   pè   pu   mi   qa   po   **be**   pe   ki

pê   **mu**   pu   ni   pa   qi   la   pe   **la**   po

6

$t = t$

1 *Complète les lignes suivantes :*

tête   tête   tête   tête .

tu   tu   tu   tu   étape   étape   tuétape

2 *Entoure :* **te**, **ti**, **to**, **ta**, **tu**, **té**, **tè**, **tê**.

sa   **fe**   (tu)   bi   (té)   **de**   (to)   (te)   **pè**   (tè)   hi

ky   (tê)   **hi**   ky   (tê)   li   (ta)   mu   **lo**   (tè)   (tu)

(to)   lu   **re**   (te)   (tê)   je   pe   (to)   na   **be**   (tê)

3 *Écris la lettre* **t** *si tu l'entends :*

_____   _____   _____   Chateau   _____   Racet

4 *Entoure les sons et les ronds :*

petite

ooooooo

patte

oooo

pâté

oooo

r = r

1 *Complète les lignes suivantes :*

r   raté raté raté

ré   rire rire rire

2 *Écris la lettre* **r** *si tu l'entends :*

_____ _____ _____ ___r___ _o rouge_ _____

3 *Entoure les sons et les ronds :*

pirate   raté   pari

oooooo   oooo   oooo

4 *Colorie et écris le mot correspondant au dessin :*

_____   _____

$$n = n$$

1 *Complète les lignes suivantes :*

n note

nu tenu

2 *Entoure :* **ne**, **ni**, **na**, **no**, **nè**, **né**, **nu**, **nê**.

(ne) **de** bu (ni) ju (nê) (na) tu (nu)

bé (nè) me zi (no) li (nu) **vu** (nê)

(no) pè mé (ne) (nè) hi (né) pa (ni)

3 *Colorie et écris le mot correspondant au dessin :*

shoual

4 *Entoure les sons et les ronds :*

note nature rené

o o o o o o o o o o o o o o o o

$$m = m$$

1 *Complète les lignes suivantes :*

m   mine

me   menu

2 *Entoure :* **ma**, **me**, **mé**, **mè**, **mê**, **mi**, **mo**, **mu**.

ca   (mi)   xe   (me)   li   (mu)   (mè)   bè   (mé)

ni   (mê)   lu   ne   (me)   by   (mi)   **lo**   (ma)

vi   (mo)   gu   (mé)   pé   ze   (ma)   **na**   (mu)

3 *Colorie et écris le mot correspondant au dessin :*

_____   _____   pome   _____

4 *Entoure les sons et les ronds :*

menu   minute   ami

o o o o   o o o o o o   o o o

10

1 = *l*

1 *Complète les lignes suivantes :*

l　　　　　　　　　　*lime*

la　　　　　　　　　　*pâle*

2 *Entoure :* **la**, **le**, **lé**, **lè**, **lê**, **li**, **lo**, **lu**.

3 *Colorie et écris le mot correspondant au dessin :*

lune　　　*flur*
　　　　　　Rose

4 *Entoure les sons et les ronds :*

pilote　　　　　　*poli*　　　　　　*loto*

oooooo　　　　　　oooo　　　　　　oooo

$C = C$

1 *Complète les lignes suivantes :*

c

co

le côté

l'école

2 *Entoure :* **ca**, **cu**, **co**.

xe   **li**   co   **de**   fu   ca   gu   cu   rè   ca

co   me   cu   ni   se   ze   **co**   te   ce   ni

3 *Cherche le bon mot et souligne-le :*

la petite   la capote   le carré

lutte   la tomate   la canne

la tulipe   la carotte   la cale

le pétale   la colle   comme

4 *Réécris chaque phrase dans le bon ordre :*

colle étale la papa

la pelé corinne tomate a

$d = d$

1 *Complète les lignes suivantes :*

d

du

la mode

la dune

2 *Coche la bonne case :*

	oui	non
la dame dira le modèle	☐	☐
le camarade de dédé lira	☐	☐
le domino ira à l'école	☐	☐

3 *Remets les syllabes en ordre et recopie les mots :*

mi no do	la de ma	da ma me

4 *Souligne le mot qui convient :*

midi	dune	mode
ride	lune	mille
midi	une	mode
demi	dune	dame

5 *Barre le mot inutile :*

papa donne le dé pédale à nicole

$$V = v$$

1 *Complète les lignes suivantes :*

v   *vide*

vu   *la rive*

2 *Entoure les sons et les ronds :*

valérie   *pommade*   *arrive*

o o o o o o   o o o o o o   o o o o o

3 *Cherche le bon mot et souligne-le :*

le pirate	*arrive*	*devenu*
le rêve	*valérie*	*venu*
la vérité	*vipère*	*revenu*
le navire	*deviné*	*vélo*

4 *Réécris chaque phrase dans le bon ordre :*

va le vélo vite

vipère vu a éveline une

devine papa vérité la

14

$S = \delta$

1 *Complète les lignes suivantes :*

s   la tasse

sê   sûre

2 *Entoure les sons et les ronds :*

bosse   sidonie   russie

o o o o   o o o o o o   o o o o

3 *Découpe les phrases puis écris-les correctement :*

samedirémiserapoli

mamèrelavelacuve

dédéramasseunepomme

4 *Barre le mot inutile :*

papa ramasse cave une petite tomate.

5 *Remets les syllabes en ordre et recopie les mots :*

ti ve lo	te	sa
co mo	ra pi	la de

c   à l'école

carole a collé le carré.
nicole a été polie.
caroline a ôté la petite cale.
corinne a colorié la carotte.

 à la caravane

valérie arrive à côté de la caravane.
valérie appuie le vélo à la caravane.
valérie a vu rémi puis éveline.
rémi a dit « salut » à valérie.

♭   le repas

séverine a lavé la salade de simone.
puis sa mère a salé une petite sole.
séverine a cassé une tasse.
séverine a ramassé la tasse cassée.

g   à la gare

samedi, magali va à la gare.
sa mamie arrive à midi.
la locomotive s'arrête.
magali a vu sa mamie.
mamie lui donne du malaga.

d   à l'école

le camarade de nicole a copié.
élodie a donné le dé à rémi.
la dame a donné le modèle à rené.
à midi, adèle dîne à côté de dédé.

b   la cabane de rémi

rémi a bâti une petite cabane.
sabine a vu la cabane de rémi.
sabine mène bébé à la cabane.
rémi donne une banane à bébé.

 la fève de la fête

samedi, la mère de rémi fera le baba.
rémi donne la farine à sa mère.
le baba fini, rémi a mis une fève.
sa mère a bu du café.

 la jupe de janine

à midi, jérôme a cassé la carafe
de jus de pomme.
le jus a sali la jupe de janine.
déjà, janine lave sa jolie jupe.
jérôme a été puni.

b = *b*

1 *Complète les lignes suivantes :*

b　　　　　　　　*cabine*

bo　　　　　　　　*bosse*

2 *Remets les syllabes en ordre et recopie les mots :*

bi		*ba*		*bi*			*na*
ne		*ne*		*bo*		*ba*	
ca		*ca*		*ne*			*ne*

―――――　　　―――――　　　―――――　　　―――――

3 *Cherche le bon mot et souligne-le :*

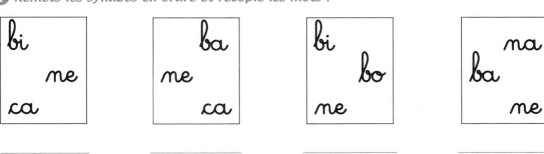

la cabane　　　*le tube*　　　*la bosse*
la banane　　　*le bébé*　　　*rabote*
la barre　　　*la robe*　　　*la balle*
une botte　　　*la bière*　　　*la bobine*

4 *Remets les mots en ordre et recopie les phrases :*

robe a sabine sa sali　――――――――

bébé bobine la vu a　――――――――

une bâti émile a cabane　――――――――

17

f = f

1 *Complète les lignes suivantes :*

f   la fête

fè   fané

2 *Souligne le mot qui convient :*

la fève	la farine	le café	la forêt
la fête	la famine	le silo	le rêve
venu	fétide	le pâté	le côté
le vélo	la farine	le café	la sole
la fève	la carafe	la fumée	la forêt

3 *Remets les mots en ordre et recopie les phrases :*

la la de fera fumée pipe

à carine la ira fête

farine a la simone fini

4 *Coche la bonne case :*

	oui	**non**
nicole a cassé la carafe	☐	☐
papa fume la farine	☐	☐
corinne ira à la fête	☐	☐

1 *Complète les lignes suivantes :*

je   jeté

ji   déjà

2 *Cherche le bon mot et souligne-le :*

tube   cajole   vide

jupe   jocari   barre

robe   judo   jarre

judo   rôti   jade

3 *Remets les syllabes en ordre et recopie les mots :*

     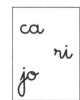

do   ca   lie
                        ri
ju   jo   jo

_____   _____   _____

4 *Découpe les phrases puis écris-les correctement :*

jevidelacarafedecafé

paparéparelejocari

jelaveunetomate

19

$g = g$

1 Complète les lignes suivantes :

g   gâte

gu   égale

2 Barre le mot inutile :

la gamine ramasse sabot le légume.

3 Découpe les phrases puis écris-les correctement :

samedimagalivaàlagare

lepetitânegalopevite

caroleaégarésagomme

4 Remets les syllabes en ordre et recopie les mots :

gu fi re

ne mi ga

lé me gu

5 Remets les mots en ordre et recopie les phrases :

égaré caroline sa a jupe

petit marina fera fagot le

à ira magali gare la

ch = ch

1 *Complète les lignes suivantes :*

ch   riche

chê   je cache

2 *Barre le mot inutile :*

achille mâche le carré de potiche chocolat.

3 *Écris le mot correspondant au dessin :* **ruche, capuche, chat, niche.**

_____   _____   _____   _____

4 *Remets les mots en ordre et recopie les phrases :*

le lâche mère petit ma chat   _____

sacoche rémi la à donne papa   _____

une michel gomme achète   _____

5 *Découpe les phrases puis écris-les correctement :*

papaattachelavachederémi   _____

michèleacachélevélo   _____

mamèreallumelacheminée   _____

ou = ou

1 *Complète les lignes suivantes :*

ou

cou

mousse

le hibou

2 *Découpe les mots et écris le nombre de syllabes :*

émile ....   carabine ....   écoute ....

moule ....   pirate ....   locomotive ....

3 *Écris le mot correspondant au dessin :*

4 *Remets les mots en ordre et recopie les phrases :*

sa couche petite valérie poupée

roue papa vélo a la réparé du

de samedi mère la ma soupe fera

22

on = on

1 *Complète les lignes suivantes :*

on   marron

mon   bouchon

2 *Découpe les mots et écris le nombre de syllabes :*

bouchon ....   confiture ....   remonte ....

ridicule ....   déchiré ....   inondé ....

3 *Écris le mot correspondant au dessin :*

_____ _____ _____ _____

4 *Remets les syllabes en ordre et recopie les mots :*

re tu fi con	von sa	di bon re	mon dé te

_____ _____ _____ _____

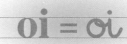

1 *Complète les lignes suivantes :*

oi   moi

loi   la voile

2 *Découpe les mots et écris le nombre de syllabes :*

poire ......   toiture ......   écumoire ......

voilà ......   passoire ......   pivoine ......

3 *Compose trois phrases avec les mots ci-dessous :*

de ma soupe
gomme la écoute simon une papa coucou pomme tonton
achète café vu nicole chou fera moto un le
coupe du a aline fini mère

4 *Colorie le rond qui correspond au son* **oi** :

voiture	passoire	pivoine	poire	toit
oooooo	oooooo	oooooo	oooo	oo

 le chat de michèle

à la fête, michèle a acheté
une poche de chocolat.
sa mère cache le chocolat à côté
de la cheminée.
un rat déchire la poche.
le rat lèche le chocolat.
le chat de michèle a chassé le rat.

ou **sous le chêne**

michèle roule à vélo.
la route passe à côté du chêne.
michèle s'arrête.
le hibou écoute le coucou.
une tulipe pousse sous le chêne.
une mouche goûte la tulipe.
le coucou arrive, la mouche s'échappe.

on **allons à la fête**

samedi, marion va à la fête.
tout le monde joue.
marion a vu son ami simon.
simon goûte un bonbon fondu.
marion achète un pot de confiture de melon.
tout à coup, un ballon rebondit.
simon le donne à marion.

oi **le poisson de benoît**

le tonton de benoît a pêché un poisson sous le pont.
sa voiture noire roule vite.
tonton a ramené le poisson à benoît.
benoît donne de l'avoine à son poisson.
le poisson a vidé toute la boîte.

25

an = an

1 *Complète les lignes suivantes :*

an   chant

ban   je danse

la santé   un ruban

2 *Découpe les mots et écris le nombre de syllabes :*

mandarine ......   pantalon ......   ruban ......

tante ......   dimanche ......   amande ......

3 *Écris le mot correspondant au dessin :*

_____   _____   _____   _____

4 *Colorie le rond qui correspond au son* **an** *:*

antoine	**maman**	**tante**	**mandarine**	**avant**
○ ○ ○ ○ ○	○ ○ ○ ○	○ ○ ○ ○	○ ○ ○ ○ ○ ○ ○ ○	○ ○ ○

in = *in*

1 *Complète les lignes suivantes :*

in   *le matin*

vin   *un marin*

2 *Remets les syllabes en ordre et recopie les mots :*

ta
de
pin

din
re
te
go

pin
le
ca

don
din

_____   _____   _____   _____

3 *Écris le mot correspondant au dessin :*

_____   _____   _____   _____

4 *Compose trois phrases avec les mots ci-dessous :*

pintade sapin a écoute gamin le
la moulin boire vu va chante goûte du pinson matin vin un
lapin à côté passe antoine émile une boudin

_____

_____

_____

eu = eu

1 *Complète les lignes suivantes :*

eu   seule

leu   un jeu

2 *Remets les syllabes en ordre et recopie les mots :*

le
meu

meu
de
re

jeu
ne
dé

di
jeu

——————   ——————   ——————   ——————

3 *Remets les mots en ordre et recopie les phrases :*

avale jeune un le pâté peu de chat

veut sa dans du soupe rené beurre

seule peut élodie lire toute

4 *Complète là où tu trouves un mot :*

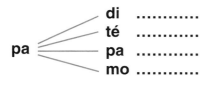

pa ⟨ di ....
té ....
pa ....
mo ....

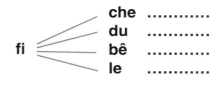

fi ⟨ che ....
du ....
bê ....
le ....

br. pr. dr. vr. fr. tr. cr. gr.

1 *Complète les lignes suivantes :*

trou   *trois*

cri   *un frelon*

gru   *le crabe*

2 *Écris le mot correspondant au dessin :*

3 *Remets les mots en ordre et recopie les phrases :*

livre frère je à mon mon prête

sa marron rené sali a cravate

cassé grêle une a vitre la

4 *Complète là où tu trouves un mot :*

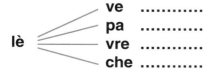

29

bl. pl. fl. cl. gl.

1 *Complète les lignes suivantes :*

bleu   un clou

plan   la flûte

2 *Écris le mot qui convient :*

| **oncle • ongle • clou** |
| mon frère coupe son ……….…... |

| **du plâtre • un platane • une clé** |
| andré plante …… ……...….……… |

| **le sable • le platane • la clôture** |
| papa répare …… ……...….……… |

| **la cloche • un gland • un ballon** |
| jean gonfle …… ……...….……… |

3 *Écris le mot correspondant au dessin :*

4 *Découpe les phrases puis écris-les correctement :*

jeplanteuncloudansuneplanche

benoîtatrouvéuneplumedegrive

mononcleplantedutrèfledanslesable

bl. pl. fl. cl. gl.

1 *Complète les lignes suivantes :*

A   la clé

une flèche   gland

2 *Lis la liste des mots suivants et encadre ceux qui sont dessinés :*

pré   clôture   chèvre   clé   platane   flèche   flûte

épingle   fenêtre   livre   sabre   clou   trou   chat

3 *Remets les mots en ordre et recopie les phrases :*

la dimanche oncle clôture mon réparera

_____

_____

fleurit la de l'été michèle plante

_____

_____

an   la fête de maman

maman a acheté un pantalon à antoine.
dimanche, antoine a mis son pantalon.
antoine danse devant sa maman.
tout le monde rit.
antoine chante une chanson.
sa maman lui a donné une amande.

in un   le chemin de l'école

le matin, rémi va à l'école.
le chemin passe à côté d'un sapin.
rémi voit un pinson dans le sapin.
le gamin écoute la chanson du pinson.
un lapin s'échappe du côté du moulin.
le gamin se dépêche.

eu   un jeudi sans école

jeudi matin, mon neveu allume du feu.
puis le gamin déjeune.
à une heure son jeune ami rené arrive.
dans l'éteule*, mon neveu joue à cache-cache.
le jeu dure une demi-heure.
maman a acheté un peu de beurre.
mon neveu goûte à 5 heures.

* *Chaume qui reste dans les champs après la moisson.*

br pr dr vr   la chèvre de mon frère

à trois heures, mon frère mène sa chèvre dans le pré.
la chèvre broute une branche de frêne.
andré se promène près du pré.
le grelot de la chèvre sonne.
andré s'approche de mon frère.
andré crie : « voilà la grêle ».
vite on ouvre la barrière.
tout le monde s'abrite de la foudre.
après, on goûtera une crêpe sucrée.

ar. or. ir. ur.

1 *Complète les lignes suivantes :*

ℬ

sur

le car

la porte

2 *Écris le mot correspondant au dessin :*

_____ _____ _____ _____

3 *Remets les mots en ordre et compose trois phrases :*

porte le mordu va maman
a mon sortir dormir un achète médor sur chat torchon
par oncle lit frère table la

4 *Découpe les mots et écris le nombre de syllabes :*

armoire .... bordure .... regarde .... jardin ....

33

al. il. ol. ul.

1 Complète les lignes suivantes :

C   un bol

il   mal

2 Découpe les phrases puis écris-les correctement :

mardiChantalferaducalcul

lemaréchalachèteunpetitgril

mononclerécoltedescarottes

3 Coche la bonne case :

	oui	non
mathilde a acheté un petit bol.	☐	☐
un animal écrit sur son livre.	☐	☐
il valse dans la salle du bal.	☐	☐

4 Remets les mots en ordre et recopie les phrases :

dansera dimanche valse la Chantal

fera jeudi calcul du nicole

ac. oc. ic. uc.

1 *Complète les lignes suivantes :*

𝒟   𝒟

un pic   un broc

2 *Écris le mot correspondant au dessin :*

3 *Complète la phrase avec le mot correspondant :*

une voiture • un sac • un lac
frédéric porte …… ……………..….

frédéric • un choc • du tabac
luc achète .…. ………….…….

le tabac • le tic-tac • le bloc
victor écoute …… ………….…. de la montre.

octobre • le broc • le pic
il vide …… ………….

4 *Découpe les mots et écris le nombre de syllabes :*

fracture ………   dictée ………   actualité ……….   dictature ……….

our. oir. eur.

1 *Complète les lignes suivantes :*

E   E

our   oir

le soir   la peur

2 *Écris le mot correspondant au dessin :*

         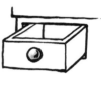

_____   _____   _____   _____

3 *Découpe les phrases puis écris-les correctement :*

mardiledocteuriravoirAndré.

_____

ludovicapeurdanslenoir.

_____

lefacteurditbonjouràmonpère.

_____

4 *Découpe les mots et écris le nombre de syllabes :*

abreuvoir ......   cultivateur ......   moteur ......   dortoir ......

ill. ll.

1 *Complète les lignes suivantes :*

ℱ   ℱ

la cheville   une paille

2 *Lis la liste des mots suivants et encadre ceux qui sont dessinés :*

muraille   grenouille   bille   famille   papillon   cheville

feuille   paille   grille   fille   chenille   travaille   grillon   caille

3 *Coche la bonne case :*

	oui	non
samedi la locomotive a déraillé.	☐	☐
la grenouille a jeté une bille bleue.	☐	☐
le matin mon frère se débarbouille.	☐	☐

ac oc ic uc Luc va à la pêche

Le trois octobre, victor va sur le bord du lac.
Il sort un livre de son sac. Luc arrive à vélo. Il accroche une mouche
sur le fil de sa canne à pêche. Le pic a troué un bloc de chêne.
Luc s'assoit dessus. Victor le regarde. Trois poissons sont pris.
Luc a un truc : il a mis de l'appât.
Après il glisse le poisson dans son broc avant de revenir.

our oir eur Le retour du laboureur

Éric tourne la clé du démarreur. Le moteur du tracteur tourne.
Le soir, Éric gare le tracteur sous le hangar.
Il a trouvé une fourmi sur une fleur. Il a ramassé la fleur pour sa mère.
Après il a mis la clé dans le tiroir. Il a pris son mouchoir.
Il ouvre le journal pour pouvoir le lire. À table il coupe un radis noir.
Après le repas il va voir la télé.

ill ll Camille se promène

Le matin, Camille se débarbouille. Puis la petite fille monte
sur son vélo. Un papillon vole par-dessus la muraille.
Camille passe à côté d'un caillou. Dans le pré, un grillon chante
sur une feuille. Une chenille se glisse sous la paille.
Camille s'arrête à côté de la mare. Une grenouille sort
toute mouillée. Le soir, la petite fille travaille dans sa famille.
Pour le repas, maman a préparé du bouillon.

ail. euil. eil. eille.

1 *Complète les lignes suivantes :*

G

le travail

G

un orteil

2 *Écris le mot correspondant au dessin :*

_____   _____   _____   _____

3 *Remets les syllabes en ordre et recopie les mots :*

tail	pou
van	é

cu	
	é
reuil	

beille
cor

a	
	reil
ppa	

_____   _____   _____   _____

4 *Remets les mots en ordre et recopie les phrases :*

va la le dans courir forêt chevreuil

_____

par-dessus la vole toit corneille le

_____

sur locomotive les roule rails la

_____

ô = au = eau

1 *Complète les lignes suivantes :*

ℋ ℋ

eau jaune

2 *Écris le mot correspondant au dessin :*

_____ _____ _____ _____

3 *Complète les phrases avec les mots*
que tu viens de trouver et ceux de la liste suivante : **sa · sous · de · Le**

Carine a mis .... le fauteuil.

.... Frédéric a été retrouvé.

.... coupera le gâteau.

Je préfère mon .... sans moutarde.

4 *Découpe les mots et écris le nombre de syllabes :*

automobile .... étourneau .... poteau .... marteau ....

oin. ien.

1 *Complète les lignes suivantes :*

ɲ   ɲ

loin   rien

2 *Écris le mot correspondant au dessin :*

_____   _____   _____

3 *Utilise les mots que tu as écrits ci-dessus :*

Frédéric a été mis au ....

Claude a mis du .... dans la niche du ....

4 *Coche la bonne case :*

	oui	non
julien fera une meule de foin.	☐	☐
le petit moineau broute du foin dans le pré.	☐	☐
le chien surveille bien le troupeau.	☐	☐

gn

1 Complète les lignes suivantes :

il signe   la vigne

2 Lis la liste des mots suivants et encadre ceux qui sont dessinés :

signal   agneau   champignon   vigne   tracteur   poignée   rossignol

brugnon   lorgnon   rognon   chignon   montagne   ligne   soigne

3 Remets les mots en ordre et recopie les phrases :

achète marche la André Julien chien fera écrira soigne maman
montagne ligne petit victor nicole chignon de le son une sur dans

if. ouf. euf. oif.
aul. oul. eul. oil.

1 *Complète les lignes suivantes :*

Ff

Ff

neuf

poil

2 *Écris le mot correspondant au dessin :*

_____   _____   _____   _____

3 *Utilise les mots que tu as écrits ci-dessus :*

Papa a mis son .... dans sa poche.

Benoît s'assoit sur .... et regarde ....…......

Mon frère a pêché .... petits poulpes.

4 *Coche la bonne case :*

	oui	non
paul a soif, il boit de l'eau.	☐	☐
le canari de nicole a des poils noirs.	☐	☐
raoul a réveillé un seul cornichon.	☐	☐

ec. el.
er. es.

1 *Complète les lignes suivantes :*

ℒ   il reste

sel   fer

2 *Écris le mot correspondant au dessin :*

3 *Remets les mots en ordre et compose trois phrases :*

ferme petit feutre maman la bleu Fernande maîtresse
filleul avec porte appelle un de le voiture chien fille
caresse petite mon écrit

4 *Découpe les phrases puis écris-les correctement :*

lionebrefermelecouvercledupot.   ledirecteurachèteuneboîtedesel.

if ouf euf oif... La pêche

L'été, Paul va voir Raoul au bord de l'eau. Un jour,
ils ont pêché neuf poulpes. Ils sont vite revenus. Paul a pris
son canif. Il a préparé les poulpes tout seul.
Le soir ils ont bu un seul apéritif avant le repas.
Raoul a pris le pouf pour s'asseoir.
Le chien a mis sa tête sur la cuisse de Paul. « Il a soif,
dit la maman de Raoul, donne lui de l'eau et brosse ses poils
de ton pantalon. » Après, tout le monde a très bien dîné.

gn Agnès va à la campagne

Agnès se promène à côté de la vigne.
Dans le pré, un agneau bêle. Agnès
s'approche de lui. Il a mal à une patte.
La petite fille soigne le petit agneau.
Puis il regagne le troupeau. Un rossignol
chante dans un arbre. Après, il s'éloigne…
Agnès revient. La petite fille attache
son chignon. Sa mère coupe un oignon
pour cuire un rognon de veau.
On goûtera aussi un bon champignon.

ec el er es Lionel va au bord de la mer

Lionel va au bord de la mer, le mercredi, avec son ami Hector.
Pour partir à la pêche, Lionel cherche des vers de terre
avec une pelle. Hector cherche des escargots de mer.
Maman reste sur le sable sec, elle caresse le chien. Lionel
a mouillé ses espadrilles, il faut revenir. Il a de nouvelles chaussures
dans son sac. Plus tard, il a mis ses espadrilles au soleil sur l'échelle.

X. Z.

1 *Complète les lignes suivantes :*

un zèbre   M

un taxi   M

2 *Découpe les mots et écris le nombre de syllabes :*

chimpanzé ....   trapèze ....   gazelle ....   taxe ....

3 *Découpe les phrases puis écris-les correctement :*

suzannefixeuncloudanslemur.

Auzoolagazelleregardelezèbre.

Leboxeuragagnédouzemédailles.

4 *Remets les mots en ordre et recopie les phrases :*

roule gazon ne Le pas taxi sur le

neuf son Maxime trapèze sur monte

è = ai = ei. air.

1 *Complète les lignes suivantes :*

une veine   N

de l'air   N

2 *Écris le mot correspondant au dessin :*

3 *Complète avec les mots que tu viens de trouver en les utilisant seulement une fois et coche la bonne case :*

	vrai	faux
Mon père a peur des	☐	☐
Le militaire met son .... dans sa poche.	☐	☐
Ma grand-mère surveille les	☐	☐
Le .... vole dans l'air.	☐	☐

4 *Remets les mots en ordre et recopie les phrases :*

surveille Le élèves seize maître

douzaine achète d'œufs Madeleine une

è = et
= est. ette.

1 *Complète les lignes suivantes:*

Le béret ○

est ○

2 *Découpe les mots et écris le nombre de syllabes:*

cachette ....   martinet ....   fourchette ....   omelette ....

3 *Barre les 2 intrus qui se trouvent dans chacune des listes suivantes:*
- gaufrette • crème • navet • sorbet • flan • galette
- tabouret • armoire • buffet • tablette • lit

4 *Écris le mot correspondant au dessin:*

——————————   ——————————   ——————————   ——————————

5 *Barre le mot inutile dans les phrases suivantes:*

Paulette met devinette de l'eau dans le gobelet.

Le sommet facteur a trouvé le carnet du préfet.

x z Maxime et Suzanne vont au zoo

Suzanne et son frère ont voulu voir des animaux bizarres.
Maman a appelé un taxi pour partir au zoo.
À côté du zèbre, Maxime a vu douze gazelles.
Le chimpanzé a fixé le gâteau de Maxime. Alors ils sont
allés au bazar. Maxime a acheté une poche de cacahuètes.
Le chimpanzé a passé sa main à travers
les barreaux. Il a volé toute la poche. Maxime
et Suzanne sont revenus près de leur mère.

ai ei air Le repas d'anniversaire

Claire a invité Madeleine pour son anniversaire. Elle passe le balai
et prépare du flan avec du lait. Elle surveille la cuisson
car Madeleine aime le dessert. Elle ouvre une douzaine d'huîtres
et fait des tranches avec le pain de seigle. Madeleine a porté
des éclairs au chocolat. Elle a offert une paire de bottes
à son amie. Claire a l'air ravie. La semaine prochaine,
Madeleine invitera Claire pour sa fête.

et est ette ept Au restaurant

Maxime a invité Colette au restaurant.
À sept heures, il vient la chercher. Elle est prête.
Maxime commande de la soupe aux navets, une omelette
et des beignets aux pommes. Colette préfère une assiette
de crudités, une côtelette et un sorbet.
À la fin du repas, Maxime a réglé avec des billets.
Comme il n'est pas tard, ils vont voir la fête foraine
avant de revenir.

é = er = et = ez. ier.

1 *Complète les lignes suivantes :*

un évier

le nez

2 *Écris le mot correspondant au dessin :*

3 *Complète avec les mots que tu viens de trouver en les utilisant seulement une fois et coche la bonne case :*

vrai faux

.... de Didier sont dans le .... ☐ ☐

Le .... parle fort avec son .... ☐ ☐

4 *Découpe les phrases puis écris-les correctement :*

xavierportelegoûterdansunpanier.

vousouvrezvotrecahierdujour.

in = ain = ein

1 *Complète les lignes suivantes:*

rein

le train

2 *Écris le mot correspondant au dessin:*

_____   _____   _____   _____

3 *Découpe les phrases puis écris-les correctement:*

Alainaprisletrainsamedisoir.

Maintenantlepeintretravaillevite.

Unpompiervaéteindrelefeu.

4 *Remets les mots en ordre et recopie les phrases:*

chez Mardi Julien le ira teinturier

aura d'avoine Le un poulain seau plein

aux Mon mal parrain reins a

i = y. in = yn.
an = en.

1 *Complète les lignes suivantes :*

un pylône   *R*

lente   *R*

2 *Découpe les mots et écris le nombre de syllabes :*

enveloppe ....   synonyme ....   syndicat ....   entendre ....

3 *Complète les phrases avec les mots correspondants :*

• **enveloppe** • **encrier** • **entendre** •	• **polygone** • **peloton** • **pylône** •	• **indiens** • **pense** • **tentes** •
Mon frère a mis une lettre dans l'..........................	Sylvie a vu un corbeau sur le	Les .... vivaient sous des ....

4 *Découpe les phrases puis écris-les correctement :*

sylvainécriraavecdel'encrenoire.

_____

_____

Anthonyavuunlynxdanslaforêt.

_____

_____

5 *Repère la lettre commune à tous les mots suivants et barre les intrus :*

syncope • polygone • bain • larynx • encrier • lynx • myope

er et ez ier — Olivier et Didier vont aider leur mère

Hier, maman a dit à ses fils : « Vous irez chercher de la viande chez le boucher. Au retour, vous achèterez des fruits chez le jardinier. Prenez le panier pour pouvoir tout porter. » Didier a ramassé des poires mûres sur le poirier. Olivier a acheté un poulet fermier. Le panier était assez lourd. Le soir, après dîner, ils ont fait la vaisselle dans l'évier.

ain ein — Alain a pris le train

Pour aller chez son copain Firmin, Alain a pris le train. Son parrain est venu à la gare avec lui. Le train était plein, mais Alain a trouvé un fauteuil libre à côté d'un peintre. Maintenant, il regarde sur un tableau une salle de bains. Il parle beaucoup avec le peintre durant le trajet. Demain matin, il réparera le frein du vélo avec Firmin et ils iront voir le moulin sans crainte. Mardi prochain, il reviendra chez lui.

y yn en — Sylvain et Nelly vont dans les Pyrénées

Pendant le mois de juillet, Nelly et son frère sont allés à la montagne. Un jour, ils ont entendu un grand bruit : on fait éclater de la dynamite dans la carrière de marbre. En se promenant dans la forêt, ils ont vu un lynx. Mais il y avait beaucoup de vent, Sylvain a pris froid. Il a mal au larynx, il tousse. Le docteur lui a donné des médicaments. Ils sont rentrés des Pyrénées à la fin du mois.

ii = y. oii = oy. aii = ay.

1 *Complète les lignes suivantes:*

φ   *φ*

essuyer   *délayer*

2 *Écris le mot correspondant au dessin:*

_____ _____ _____ _____

3 *Invente trois phrases avec les mots que tu as trouvés ci-dessus:*

4 *Coche la bonne case:*

	vrai	faux
vous voyez les rayures du zèbre.	☐	☐
vous essayez d'écrire avec un noyau.	☐	☐
Soyez poli chez le marchand de bonbons.	☐	☐

54

$$S = C \text{ (i e y)}$$
$$j = g \text{ (i e y)}$$

1 *Complète les lignes suivantes :*

𝒞   𝒞

le garage   cela

2 *Écris le mot correspondant au dessin :*

_____   _____   _____   _____

3 *Invente trois phrases avec les mots que tu as trouvés ci-dessus :*

_____

_____

_____

_____

_____

_____

4 *Coche la bonne case :*

	vrai	faux
Gilles voyage à bicyclette sur la route.	☐	☐
Cécile ira en vacances à la montagne.	☐	☐
Le genou de Serge mange du cirage.	☐	☐

c = k = qu.

1 *Complète les lignes suivantes:*

Ql

Ql

un kilo

la barque

2 *Écris le mot correspondant au dessin:*

3 *Invente trois phrases avec les mots que tu as trouvés ci-dessus:*

4 *Complète les phrases avec les mots correspondants:*

piqué • pillé • piégé •   Mon frère a été .... par une araignée.

kilomètres • koalas • kilos •   Sauvegardez les .... d'Australie.

qui • que • quoi •   Les piquets .... vous avez plantés.

Yvon fait de la pâtisserie

y oy ay

Yvon a recopié la fiche d'un gâteau avec son crayon. Il veut essayer de le faire. Il enlève les noyaux des prunes avant de délayer la pâte. Il a essuyé le moule pour le mettre dans le four. Maman vient brancher le tuyau de gaz pour allumer le four à feu moyen. Yvon goûtera son gâteau après le fromage de gruyère. Ensuite, il va nettoyer tous les plats et balayer les miettes.

Angélique part en vacances

s = c   g = j

Ce matin, papa a sorti la voiture du garage. Angélique doit aller chez son oncle Serge. Il a promis de l'emmener au zoo voir la cage de la girafe. Dans la voiture, Angélique mange une glace au citron et à l'orange. En arrivant, papa décharge les bagages. Tonton les range à leur place, puis il montre une bicyclette à sa nièce et dit : «Cécile te la prête pour aller à la plage.»

Kévin monte dans la barque

k qu

Le quatre mai, le père de Monique a invité Kévin à la pêche. La voiture a roulé quatre kilomètres jusqu'au bord du lac. Ils sont montés dans la barque rouge. Kévin a pris un ver dans le paquet. Il l'a mis sur sa ligne et l'a jetée dans le liquide. Ils ont attrapé quatorze poissons. En rentrant, ils ont trouvé un coquillage. Ils ont ramassé un bouquet de coquelicots pour la maman de Kévin.

c = cu (e)

g = gu (e i)

1 *Complète les lignes suivantes :*

𝒢   𝒢

guéridon   écueil

2 *Écris le mot correspondant au dessin :*

_____ _____ _____ _____

3 *Complète avec les mots que tu viens de trouver en les utilisant seulement une fois et coche la bonne case :*

                                               vrai   **faux**

Guy nettoie sa .... avec sa .... ☐ ☐

Les chansons du .... se jouent à la .... ☐ ☐

4 *Découpe les phrases puis écris-les correctement :*

Guymangeunefiguemûre.

_____

Margueritecueilledumuguetdanslesbois.

_____

f = ph. s = ç.
eu = œu.

1 *Complète les lignes suivantes:*

ell

ell

le phare

le cœur

2 *Écris le mot correspondant au dessin:*

_____   _____   _____   _____

3 *Complète les phrases suivantes en utilisant les mots*
que tu viens de trouver ainsi que: **une, Ma, Les, le, a.**

.... sœur tire sur ...... fil du ....

Philippe ...... reçu .... lettre d'un .... de Philadelphie.

.... poules pondent des .... ; pas les ....

4 *Remets les mots en ordre et recopie les phrases:*

un bœuf Adolphe de morceau mange

_____

sa Théophile de récite sœur La leçon

_____

sion = tion
S = Z

1 *Complète les lignes suivantes :*

X   *sion = tion*

z = s   *un vase*

une opération

2 *Remets les syllabes en ordre et recopie les mots :*

sa
vi
ge

di
ad
tion

si
vi
te

tion
é
mo

3 *Complète les phrases en utilisant les mots suivants :*

valise • valse • coussin • cousin • poison • poisson • loin • lion.

Mon .... s'assoit sur un ....

François a pêché un ....

Il ne faut pas avaler de ....

Monique danse la ....

Antoine a mis son caleçon dans sa ....

André habite .... de Paris.

Julien a vu un .... au zoo.

En vacances

$c = cu \quad g = gu$

Samedi premier mai, Marguerite et Guy sont allés voir Guignol sur la place du village. Papa a guidé les enfants. Guignol a joué de la guitare et il a fait rire tout le monde. Pour goûter Guy avait emporté des figues. Avant de revenir à la maison, ils ont cueilli du muguet pour faire un joli bouquet. Maman a posé les fleurs sur le guéridon. Les enfants étaient fatigués.

Philippe fait de la maçonnerie

ph — ç — œu

Ce matin, Philippe a téléphoné à son ami Adolphe qui est maçon.
Il lui a demandé de l'aider pour construire son garage. Adolphe a décidé
de commencer par la façade. Il manœuvre la remorque pour installer la bétonnière.
Pendant ce temps, la sœur de Philippe prépare le repas : des œufs en salade
et du rôti de bœuf. À midi, les garçons ont bien travaillé,
mais Philippe s'est coupé. Sa sœur va vite à la pharmacie pour acheter
des pansements. Quand Philippe a reçu les soins de sa sœur,
il mange de bon cœur.

1 *Complète les lignes suivantes :*

le sport   scolaire

2 *Écris le mot correspondant au dessin :*

_____   _____   _____   _____

3 *Complète les phrases suivantes en utilisant les mots que tu viens de trouver ainsi que :* **l' - un**.

Maman passe .... dans ....

Julien écrit maintenant avec .... à encre.

J'ai mangé .... pour le goûter.

4 *Remets les mots en ordre et recopie les phrases :*

dans caïman l'eau reste Le

_____

par a L'égoïste puni maman été

_____

trou cascade a un La creusé

_____

1 *Relie les groupes de mots par des flèches de trois couleurs différentes pour composer trois phrases :*

La petite chèvre   a déchiré   dans le jardin.

Fabien   pousse   la poche de son blouson.

La fleur bleue   broute   dans le pré.

...... /3

2 *Cherche les intrus et barre-les :*

un chat • un mouton • une vitre • un rat • un âne
une flûte • un piano • un frein • une guitare • la trompette
une armoire • une table • un chameau • une chaise • un tabouret

...... /3

3 *Complète les phrases suivantes :*

Sophie a ramassé .... marteau .... la chaise.

Stéphane .... la télévision ....

Béatrice écrit .... un crayon .... son cahier.

...... /3

4 *Dessine ce que tu lis dans la phrase suivante :*   ...... /1

Le petit garçon a mis ses jouets sous son lit.

Total : ..../10

on = om, in = im,
en = em, an = am,
sion = tion, ch = c

Au cinéma

Christophe est allé voir un film d'action. Au début
de la séance, des informations ont montré des essais
de voitures de course. Les observateurs vérifiaient le temps
avec des chronomètres pour savoir laquelle serait la plus
rapide. Les pompiers surveillaient la piste. Ensuite le film
se déroulait à la campagne au mois de décembre.
Des avions à réaction poursuivaient un hélicoptère
dans une tempête de neige. Christophe a passé un bon
moment, mais en sortant il avait faim. Il a mangé une glace
à la framboise.

sp, st, sc...
oï, aï, z = s

Stéphane fait du sport

Pendant la belle saison, Stéphane va sur le stade presque tous les jours.
Il participe aux compétitions scolaires d'athlétisme. L'hiver, il fait
de l'escrime avec son cousin Joseph. Dans les vestiaires, il partage
son casier avec son cousin car il n'est pas égoïste. Au dernier tournoi,
il a gagné un beau stylo pour la troisième place. Mais comme il est
un peu naïf il a été blessé au poignet. Josette, l'infirmière, l'a soigné : il
a été stoïque et n'a rien montré sur son visage. Le soir, il a révisé trois
strophes de sa poésie.

Imprimé en France par SEPEC à Péronnas
N° d'édition : 004013-09 – N° d'imprimeur : 080304222
Dépôt légal : mai 2008